빛나는 유네스코 우리 유산은 전 세계가 함께 보호하고 전수해야 할 유산으로 유네스코가 지정한 우리나라의
세계 문화유산·세계 자연유산과 세계 기록유산, 세계 무형문화유산을 소개하는 그림책입니다.

글 | 김미혜
글을 쓴 김미혜는 대학에서 국어교육학을 공부하였습니다. 동시집 〈아기 까치의 우산〉〈아빠를 딱 하루만〉과 자연 이야기 〈나비를 따라갔어요〉를 냈습니다.
우리 전통 문화에 담긴 의미를 찾아다니며 〈그림 그리는 새〉〈저승사자에게 잡혀간 호랑이〉〈칠월 칠석 견우직녀 이야기〉 들의 문화그림책에 글을 썼습니다.
석굴암에 오르는 길부터 가슴이 두근거렸던 글쓴이는 석굴암 본존불의 아름다움과 신비로움에 깊이 매료되어 이 글을 썼습니다.

그림 | 최미란
그림을 그린 최미란은 대학에서 산업디자인을 공부하여 그래픽디자이너로 활동하다가 그림책에 그림을 그리는 작가가 되었습니다.
〈누구 없어요?〉〈저승사자에게 잡혀간 호랑이〉〈때때옷 입고 나풀나풀〉 들의 그림책에 그림을 그렸습니다. 그린이는 화강암에 조각된
석굴암의 조각상들을 표현하기 위해 여러 가지 기법들을 실험하던 끝에 목탄 가루와 먹을 이용하여 탁본 같은 그림 기법을 완성하였습니다.

웅진주니어

빛나는 유네스코 우리 유산 04
돌로 지은 절, 석굴암

초판 1쇄 발행 2009년 11월 26일 | **초판 28쇄 발행** 2025년 3월 3일 | **글** 김미혜 | **그림** 최미란
발행인 이봉주 | **콘텐츠개발본부장** 안경숙 | **편집인** 이화정 | **편집주간** 이원주 | **기획** 서선연 | **편집** 김소원 | **디자인** 달·리크리에이티브 | **제목 글씨** 김세현
마케팅 정지운, 박현아, 원숙영, 김지윤, 황지영 | **제작** 신홍섭

펴낸곳 (주)웅진씽크빅 | **주소** 경기도 파주시 회동길 20 (우)10881 | **문의전화** 031)956-7543(편집), 031)956-7569, 7570(마케팅)
홈페이지 www.wjjunior.co.kr | **블로그** blog.naver.com/wj_junior | **페이스북** facebook.com/wjbook | **트위터** @new_wjjr | **인스타그램** @woongjin_junior
출판신고 1980년 3월 29일 제406-2007-00046호 | **제조국** 대한민국 | **사용연령** 4세 이상

ISBN 978-89-01-10209-2 · 978-89-01-08986-7(세트)
글 ⓒ 김미혜 2009 | 그림 ⓒ 최미란 2009

이 책의 부록에 사용된 사진 자료는 '최미란' '출판사 역사공간' '이미지클릭'에서 제공해 주었습니다.

웅진주니어는 (주)웅진씽크빅 유아·아동·청소년 도서 브랜드 입니다.
이 책은 저작권법에 따라 보호 받는 저작물이므로 무단 전재와 무단 복제를 금지하며,
이 책 내용 전부 또는 일부를 이용하려면 반드시 저작권자와 (주)웅진씽크빅의 서면 동의를 받아야 합니다.

잘못 만들어진 책은 바꾸어 드립니다.
※주의 1. 책 모서리가 날카로워 다칠 수 있으니 사람을 향해 던지거나 떨어뜨리지 마십시오. 2. 보관 시 직사광선이나 습기 찬 곳은 피해 주십시오.

돌로 지은 절
석굴암

웅진주니어

바다 쪽에서 밀려오는 안개를 마시고 내뿜고 하는 산이 있어.
그 산이 경주의 동쪽을 둘러싸고 있는 토함산이야.
신라 사람들은 그 산을 매우 신령스럽게 생각했어.

돌로 지은 절

석굴암

해가 떠오르지 않은 어스름 새벽,
한 아이가 엄마를 따라 토함산을 오르고 있어.
희뿌연 안개 속에서 어룽거리는 숲이 무서운가 봐.
엄마의 치맛자락을 밟을 듯 바짝 붙어 따라가고 있네.

아이는 토함산 아흔아홉 굽이 길 끝에 있는 석굴암에 가는 길이야.
아버지가 빨리 돌아오라고 부처님께 기도하러 가는 거지.
아이의 아버지는 신라의 백성들을 괴롭히는
왜적을 막기 위해 동해 바닷가를 지키러 갔어.

드디어 석굴암에 다 왔어.
아이는 숨을 몰아쉬며 어스레한 석굴암 안으로 들어섰어.

엄마가 비추는 불빛에 여덟 명의 장수가 어른어른.
칼을 들고, 창을 쥐고, 머리에 용을 얹은 장수들이
뚜벅뚜벅 걸어 나올 것처럼 보였지.
아이는 깜짝 놀라 어깨를 웅그렸어.

"나는 마후라가! 뱀 나라의 신이야.
기어다니면서 절을 지키지."

"나는 천!
땅을 보살피는 하늘의 신이야."

"나는 건달바!
음악과 향기로 사람들을 즐겁게 하지."

"나는 가루라!
금시조라고 불리는 큰 새.
새들의 나라 왕이지."

"나쁜 마음이 있다면 내려놓아라.
맑은 마음으로 부처님을 만나러 가야지."
위엄 넘치는 소리가 울리는 것 같았어.

"우리는 코끼리보다 백만 배나 센 힘으로
부처님 나라를 지키는 수문장이야.
내 입 모양을 따라해 봐.
'아' 소리가 나지? 나는 '아' 금강역사."

"힘만 세냐고? 아니야.
신령스러운 지혜를 함께 가진 장수야.
내 입 모양을 따라해 봐.
'훔' 소리가 나지? 나는 '훔' 금강역사."

콩닥거리는 마음을 누를 새도 없이 이번에는
팔뚝이 울룩불룩한 금강역사가
불끈 쥔 주먹을 당장 내리칠 것처럼 아이를 보고 서 있어.
부리부리 번쩍이는 눈을 보고
아이는 멈칫, 멈칫거리다 한 발을 떼었어.

"휴!"
무서운 장수들을 다 지나왔다고 생각했는데
이번에는 땡땡한 장딴지, 꿈지럭꿈지럭 기운찬 발가락을 가진
사천왕이 악귀들을 옴짝달싹 못하게 누르고 있어.
아이는 눈이 휘둥그레져 엄마 뒤로 숨었어.

"나는 남쪽 하늘을 지키는 증장천왕.
널리 덕을 베풀어 새 생명이 태어나게 하지."

"나는 동쪽 하늘을 지키는
지국천왕.
착한 사람을 도와주면서
부처님 나라를 지키지."

"나는 북쪽 하늘을 지키는 다문천왕.
부처님 말씀을 빠짐없이 들으며
부처님을 지키지."

"나는 서쪽 하늘을 지키는
광목천왕.
큰 눈을 부릅뜨고
나쁜 무리를 몰아내지."

엄마가 아이의 어깨를 다독이며 말했어.
"마음을 깨끗이 하라고 험상궂은 모습을 한 것뿐이야."
"하지만 저를 붙잡을 것만 같아요."
아이는 사천왕 앞에서 걸음이 빨라졌지.

어둑어둑 어슴푸레한 길을 다 지나왔어.
빛이 비추고 있어.

아, 부처님이야!

연꽃 대좌에 앉아 계신 부처님이
슬며시 웃으며 아이를 굽어 보셨어.
아이도 부처님을 바라보며 빙긋 웃었지.
부처님 뒤 연꽃이 햇살이 되어
부처님 얼굴을 환하게 비추었어.

찬란한 빛이 위에서도 쏟아졌어.
아이는 고개를 젖히고 천장을 바라보았어.
천장을 덮고 있는 커다란 연꽃이
부처님 머리 위에서 햇살을 뿜고 있었어.

"부처님, 꽃 받으세요."
아이는 부처님께 연꽃을 드리고
작은 손을 모아 기도했어.
"부처님, 아버지가 보고 싶어요.
아버지가 빨리 돌아오게 해 주세요."

기도를 마친 아이는 느린 걸음으로 부처님이 계신 둥근 방을 돌아보았어.
하늘의 신과 부처님의 제자들이 빙 둘러서서 부처님 말씀을 듣고 있었어.
천장 아래 작은 방 감실에도 보살이 앉아 있었지.
여러 개의 눈과 귀를 가진 십일면관음보살 앞에서
아이가 걸음을 멈추었어.
엄마처럼 포근해 보이는 얼굴이었어.

석굴암 안으로 빛이 쏟아져 들어왔어.
부처님 이마가 반짝 빛났어.
"해가 뜬다!"
아이는 밖으로 걸음을 옮겼어.

아이는 장수처럼 사천왕, 금강역사 앞을 늠름하게 지났어.
아이는 이제 하나도 두렵지 않아.
팔부신중 앞을 당당하게 지나 석굴암 밖으로 나왔어.
아이의 까만 눈망울에 붉은 햇살이 번졌어.
햇살은 석굴암을 덮고 있는
흙과 돌 위로도 퍼져 갔어.

해가 바다에서 힘차게 솟아올라 가장 먼저 닿는 곳.
그곳에 수백 개의 돌 하나하나를 깎고 다듬고 짜 맞추고
숨결을 불어 넣어 지은 절, 석굴암이 있어.
신라 사람들은 석굴암을 찾아 마음속에 품은 간절한 소원을 빌었지.

석굴암은 천 년 내내
한결같은 마음으로 우리를 지켜 주었어.
앞으로도 석굴암은
날마다 새롭게 떠오르는 아침 해를
우리와 함께 바라볼 거야.

한 걸음 더

석굴암은 유네스코 세계 문화유산이에요

신라는 고구려, 백제를 통일하고 찬란한 불교문화를 꽃피웠습니다. 그중 하나가 석굴암이랍니다. 석굴암은 신라의 강한 국력과 깊은 신앙심, 뛰어난 과학 기술과 수준 높은 예술적 기량을 바탕으로 지어졌습니다.

〈삼국유사〉에 따르면 751년 신라 경덕왕 때 김대성이 창건을 시작하였다고 합니다. 석굴암의 원래 이름은 석불사였습니다. 돌로 된 부처님이 있는 절이라는 뜻이지요. 〈삼국유사〉에서는 김대성이 현생의 부모를 위해서 불국사를 세우고, 전생의 부모를 위해서 석굴암을 세웠다고 합니다.

석굴암에 남아 있는 38구의 조각은 동아시아 불교 조각의 최고 걸작이라 할 수 있습니다. 특히 본존불로 불리는 불상은 고요하고 온화한 모습으로, 보는 이로 하여금 숭고한 마음을 갖게 합니다.

석굴암은 가장 아름다운 비례를 연구하고 정교하게 계산해서 본존불의 크기와 위치, 광배의 위치,

원형으로 되어 있는 주실의 모습. 십대 제자와 보살들이 본존불을 감싸고 있다. 반구형의 천장 맨 위는 연꽃 모양 덮개돌로 덮었다.

각 조각상의 정확한 이름에 대해서는 다른 의견도 있다. 전실의 모습은 오늘날의 일자형 구조이다.

대좌의 높이 등을 정했습니다. 또한 주실의 벽을 원형으로 둘러치고 천장을 반구(돔)형으로 마무리하는 작업은 고도의 기술이 아니면 불가능한 일로 세계 건축사에서도 보기 드문 일이지요. 건축, 수리, 기하학, 종교, 예술이 총체적으로 실현된 석굴암은 1995년에 불국사와 함께 유네스코 세계 문화유산으로 공동 등록되었습니다.

석굴암은 세 부분으로 나뉘어 있어요

석굴암은 동남 30도 방향을 향하고 있어 동짓날에 처음 떠오르는 태양을 정면으로 받을 수 있는 곳에 있습니다. 또한 본존불상이 앉아 있는 방향은 삼국을 통일한 문무 대왕의 능인 대왕암과 일치합니다. 이는 나라를 굳건히 지키려는 신라인의 의지가 담긴 것이지요.

석굴암은 전실, 통로, 주실 세 부분으로 나뉘어 있습니다.
전실은 땅을 상징하는 사각 모양입니다. 인도의 신이었다가 부처님을 지키는 장수가 된 팔부신중과 금강역사가 지키고 있습니다. 이들은 모두 용맹스러운 모습으로 조각되어 있지요.
주실로 가기 위한 통로에는 동서남북 사방을 지키는 사천왕이 위엄 있는 모습으로 지키고 있습니다.
주실은 하늘을 상징하는 원 모양입니다. 중앙에 본존불이 앉아 있습니다. 본존불을 둘러싸고 있는 원형의 벽면에는 십일면관음보살, 보현보살과 문수보살, 제석천과 범천, 십대 제자들이 있어요. 작은 방 감실에 있는 2구의 조각상은 현재 남아 있지 않습니다.

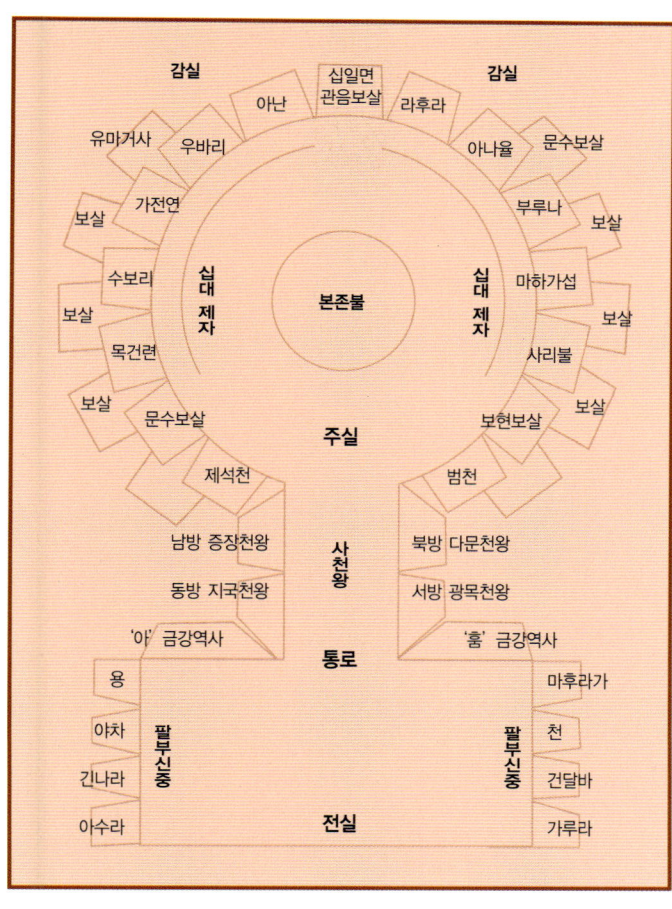

# 한 걸음 더

석굴암에 숨어 있는 과학을 찾아보아요

돌은 습한 공기와 맞닿으면, 이끼가 끼고, 풍화작용을 받게 되지요. 석굴암은 동해의 습한 공기가 안으로 들어오게 됩니다. 하지만 석굴암이 만들어지고 1200여 년이 지난 오늘날도 석굴암의 조각상들은 이끼가 끼거나 닳은 흔적이 없이 생생한 모습을 갖고 있습니다. 커다란 돌을 깎고 다듬어 자유자재로 이용하여 만든 석굴암의 각 실들도 무너지지 않고 있습니다. 신라인들은

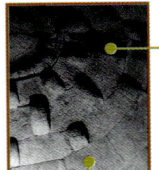

쐐기돌. 못이나 접착제를 쓰지 않고 반구형의 천장을 유지하게 한다.

판석. 널판같이 넓적하게 만든 돌로, 위로 갈수록 점점 좁아지게 쌓았다.

광배, 대좌, 천장 덮개돌은 크기가 같다.

감실. 석굴이 더욱 신비하게 느껴지게 하면서 통풍의 역할을 한다.

돌과 흙. 석굴암이 숨을 쉴 수 있다.

비율. 석굴암은 아름다운 비례로 되어 있다. 그중 불상은 얼굴 너비:가슴 폭:어깨 폭:양 무릎 너비가 1:2:3:4의 비율이다.

광배. 부처님의 신비함과 위대함을 장엄하게 표현해 준다. 광배는 부처님과 떨어져 있지만 정면에서 보면 붙어 있는 것처럼 보인다. 타원형으로 되어 있는데 아래에서 위로 올려다보았을 때를 계산한 것이다.

석굴암 밑으로 흐르는 샘물. 공기 중의 습기를 끌어내린다.

1200여 년 동안 어떻게 석굴암을 온전하게 보전하였을까요?

신라인들은 자연적으로 습기가 없어지도록 석굴암을 설계하였습니다. 감실의 보살상 뒤로 나 있는 구멍을 통해 바람을 통하도록 하였고, 바깥벽을 돌과 흙으로 덮어 석굴암이 숨을 쉴 수 있도록 하였지요. 석굴암 바닥 아래로 흐르는 차가운 샘물은 공기 중에 있는 습기를 아래로 끌어내려 벽면이나 각 조각상에 물방울을 맺히지 않도록 하였습니다.

일제 강점기인 1913~1915년 일제는 석굴암을 보존한다면서 첫 보수 공사를 합니다. 석굴암 바닥의 물길을 없애고, 바깥벽을 시멘트 콘크리트로 덮었어요. 그러자 이슬이 맺히는 문제가 생겼어요. 그뒤 몇 차례의 보수 공사에도 이슬 맺히는 현상이 나아지지 않자 지금은 유리벽을 세우고 에어컨을 돌려 습기를 조절하고 있지요. 1200여 년 전의 자연을 이용한 과학을 21세기의 첨단 과학 지식과 기술이 따라가지 못한 것입니다.

1930년대의 석굴암 외부 모습이다.

문화유산을 올바로 보존해요

일제가 첫 보수 공사를 할 때 석굴암은 완전히 해체되었습니다. 그 뒤로 창건 당시의 석굴암의 구조에 대한 여러 논란이 생겼습니다. 이 책에서는 첫 보수 공사를 하기 전 찍어 놓은 사진에 근거하여 신라 시대의 석굴암을 재현하였습니다. 그래서 전실의 모습이 지금 볼 수 있는 석굴암의 모습과 달리 팔부신중 아수라와 가루라가 금강역사와 마주보고 있습니다. 주실 안에 있는 탑도 없어져 지금은 볼 수 없지요.

석굴암에 오르는 길에 여러 돌 재료들이 모아져 있는 것을 볼 수 있습니다. 석굴암을 완전 해체하여 보수 공사를 하고 남은 재료들입니다. 원래 모양대로 보수를 하였다면 남아 있는 재료가 없어야 되겠지요. 우리 조상들의 과학은 자연에 대한 이해를 기본으로 자연을 거스르지 않는 지혜로운 과학이었습니다. 우리는 전통 과학에 깃든 정신과 지혜를 볼 줄 아는 눈을 길러야겠습니다. 그것이 우리의 찬란한 문화유산을 지키는 힘이 될 것입니다.

오늘날의 석굴암 외부 모습. 전실의 목조 건물은 1961~1964년 보수 공사에서 세운 것이다. 뒤의 봉긋한 것이 주실이다.

몇 번의 수리 공사에서 남겨진 재료들이다. 보수가 완전히 되지 않았다는 것을 말해 준다.